다양한 역할로 쉽게 이해하는

어린이
세무원리

어린이 세무원리

발행일 2026년 1월 1일

지은이 강상원
펴낸이 손형국
펴낸곳 (주)북랩

출판등록 2004. 12. 1(제2012-000051호)
주소 서울특별시 금천구 가산디지털 1로 168, 우림라이온스밸리 B동 B111호, B113~115호
홈페이지 www.book.co.kr
전화번호 (02)2026-5777 팩스 (02)3159-9637

ISBN 979-11-7598-028-0 73320 (종이책) 979-11-7598-029-7 75320 (전자책)

본 도서는 (주)북랩이 보유한 리코 인쇄 장비 등 자체 생산 인프라를 통해 제작되었습니다.

다양한 역할로 쉽게 이해하는

어린이 세무원리

세금은 **왜** 내야 해요?

질문 많은 아이도 단번에 이해하는
돈과 **세금**의 원리

강상원 지음

북랩

추천사

미래 시민을 위한 가장 쉽고 재미있는 세금 수업!

아이들의 눈높이에서 세금의 가치를 깨닫게 하는 필독서

아이들에게 세금이라는 단어는 어렵고 멀게만 느껴지는 어른들의 영역이었습니다. 하지만 이 책 『어린이 세무원리』는 그 딱딱한 장벽을 허물고, 아이들이 살고 있는 일상 속 민주주의와 경제 생활의 한가운데로 세금의 이야기를 끌어들입니다.

이 책의 가장 큰 강점은 추상적인 개념을 구체적인 경험으로 연결시키는 탁월함에 있습니다. 단순히 세금의 종류를 나열하는 데 그치지 않고, 왜 우리가 세금을 내야 하는지, 그리고 그 돈이 우리 사회를 어떻게 변화시키는지에 대한 '세금의 순환 원리'를 쉽고 재미있게 보여줍니다.

공원, 학교, 도서관, 그리고 우리가 안전하게 누리는 모든 공공 서비스가 바로 '세금'이라는 씨앗에서 자라난 열매임을 아이들은 이 책을 통해 자연스럽게 깨닫게 될 것입니다.

이러한 이해는 아이들을 '수동적인 납세자'가 아닌, '능동적인 미래 시민'으로 성장시키는 중요한 밑거름이 됩니다. 세금을 낭비 없이 효율적으로 사용하도록 관심을 갖는 것이 곧 더 나은 사회를 만드는 일임을 깨닫게 되기 때문입니다.

『어린이 세무원리』는 모든 학부모와 선생님에게 추천합니다. 아이의 경제관념 교육을 고민하고 있다면, 이 책은 돈의 쓰임과 사회적 책임이라는 두 가지 중요한 가치를 동시에 가르쳐주는 최고의 교재가 될 것입니다.

서울시립대학교 세무학과 교수
최원석

머리말

어린이 독자 친구들,
그리고 부모님과 선생님께!

안녕하세요! 저는 오랫동안 세금에 대해 연구하고 일해 온 아저씨예요. 커다란 회사에서도, 그리고 세무사로도 일했답니다.

제가 하는 일은 딱 하나에 집중되어 있었어요. 바로 '절세'!

절세란, 나라에서 정해준 규칙 안에서 세금을 똑똑하게 아끼는 방법을 찾는 일이에요.

복잡한 숫자와 어려운 법들을 열심히 파헤치면서, 세금을 아끼는 방법을 찾을 때면 전문가로서 정말 뿌듯했죠.

하지만 '세금을 아끼는 일'만 생각하다 보니, 문득 중요한 생각이 들었어요. "세금을 낸다는 것은 우리 모두의 중요한 힘이자 권리구나!" 하고 말이에요.

세금에 대해 우리가 알아야 할 것은 단순히 '절세'뿐만이 아니랍니다.

- 세금을 내는 것은 우리 동네, 우리 나라를 튼튼하게 유지하는 나의 약속[의무]이에요.
- 세금을 아끼는 것은 나라가 우리에게 보장해 준 나의 권리예요.
- 세금이 어떻게 쓰이는지 잘 지켜보는 것은, 돈을 낸 주인의 당연한 권리예요.
- 대통령이나 국회의원이 세금을 잘못 걷거나, 잘못 사용하면 투표로 바꾸는 것도 우리의 권리죠.
- 심지어 다른 나라로 이사[이민]를 갈지 결정하는 것도 우리가 선택할 수 있는 권리랍니다.

이 책 《어린이 세무원리》는 나라와 우리가 서로 좋은 관계를 오래오래 유지하려면 어떻게 해야 할까 하는 고민에서 시작되었어요.

제가 회사와 사람들의 세금을 줄여주려고 노력했던 것도, 세금을 내는 우리들이 나라의 진짜 주인이 되어야 하기 때문이에요. 나라가 우리를 '쉬운 돈주머니'로 생각하지 않도록 말이죠!

나라와 우리 시민들이 건강하고 오랫동안 함께 잘 지내려면, 세금이 무엇인지 주인으로서 똑똑하게 이해하는 것이 필요해요.

이 책을 읽고 나면, 우리가 세금을 내는 것은 억지로 하는 숙제가 아니라, 주인으로서 가진 권리를 지키는 아주 멋진 도구라는 것을 알게 될 거예요. 이 도구를 잘 사용해서 우리 모두 더 멋진 미래를 함께 그려 나가기를 바랍니다!

이 책의 제작을 응원해 준 세무학과 99학번 설효형 동기님과 ㈜북랩의 손형국 대표님, 손화연 팀장님, 이 책을 쓰는 데 도움을 주신 개포중학교 강유빈 어린이, 대성중학교 문건우 어린이, 대현초등학교 김아영 어린이, 역동초등학교 김백선 어린이, 고일초등학교 박민서 어린이, 한국세무사회 구재이 회장님, 서울지방세무사회 이종탁 회장님 그리고 서울시립대학교 세무학과 총동창회 장보원 회장님과 양슬아 학생회장님께 감사드립니다.

세금은 어른들만 내는 줄 알았는데 이 책을 읽고 어린이들도 세금을 내고 있다는 걸 알았어요. 내가 용돈으로 간식이나 장난감을 살 때 영수증에 있는 '부가가치세'가 뭔지 알았습니다.

- 역동초등학교 김백선

시간가치의 의미는 이해가 되지만 공식은 어려웠어요. 아이들이 좋아하는 내용을 비유로 표현해서 좋았습니다.

- 대성중학교 문건우

나의 지갑과 나라의 지갑을 모두 건강하게 지키는 똑똑한 습관과 보는 눈을 길렀어요.

- 고일초등학교 박민서

하루만에 다 읽었어요. 역할로 설명되어 있어서 이해하기 편했어요.

- 대현초등학교 김아영

그림이 많으면 좋을 텐데, 나머지는 간결해서 잘 들어왔어요.

- 개포중학교 강유빈

사랑하는 어린이 친구들이 주인으로 커나가길 바라며....

저자 **강상원** 드림

이 책은 아이들이 단순히 세금 지식을 외우는 것이 아니라, 각 역할을 경험하며 돈의 흐름[회계학], 세금의 징수[세법학] 그리고 나라의 살림[재정학]을 통합적으로 이해하도록 구성하였습니다.

목차

추천사 ··· 4

머리말 ··· 6

프롤로그: 용돈으로 배우는 세상의 모든 돈 이야기 ··· 21

1장. 근로자 되기: 용돈을 버는 나의 이야기

내 노력의 대가 : 월급, 어떻게 정해질까?

1-1 급여의 비밀 ··· 28

1-2 일 잘한 나에게 주는 선물: 상여금과 보너스의 의미 ··· 30

1-3 더 큰 책임, 더 많은 돈: 진급과 연봉의 사다리 ··· 32

1-4 용돈도 아껴 써야 하는 이유: 4대 보험과 실수령액 ··· 34

2장. 소비자 되기: 똑똑하게 돈을 쓰는 나의 이야기

2-1 소비와 만족: 가성비 좋은 행복 찾기 ··· 40

2-2 숨어있는 세금 히어로 ··· 44

2-3 크고 비싼 물건을 살 때의 지혜: 감가상각과 대출 ··· 48

2-4 내일의 돈을 오늘 쓰는 방법: 신용 점수와 할부의 유혹 ··· 50

3장. 사업가 되기: 새로운 가치를 만드는 나의 이야기

매출과 비용, 그리고 세금의 관계

3-1 사장님의 고민: 직원에게 월급을 주는 이유 ··· 54

3-2 함께 성장하는 파트너: 투자자와 자본금 모으기 ··· 56

3-3 꿈을 위한 빚: 착한 빚과 나쁜 빚 구별하기 ··· 58

3-4 매출과 순이익 계산: 사장님이 내야 할 소득세 ··· 60

4장. 금융 투자자 되기: 내 돈이 일하게 만드는 이야기

4-1 돈이 돈을 버는 마법: 이자와 투자 수익 … 64

4-2 착한 사장님 찾기: 주식과 채권 … 66

4-3 똑똑한 세금 관리: 금융소득세 … 68

4-4 투자의 원칙: 분산과 장기 투자 … 72

5장. 국제 무역가 되기: 국경을 넘는 돈과 세금 이야기

5-1 환율의 비밀: 다른 나라 돈의 가치 … 76

5-2 국경을 넘나드는 세금: 관세 … 78

5-3 무역의 약속: FTA와 WTO … 80

5-4 나라 간의 돈 거래: 국제 수지 … 82

6장. 납세자 되기: 국가 재정을 지지하는 시민의 이야기

우리 모두의 약속: 세금의 중요성

6-1 나 혼자 만들 수 없는 것들: 공공재의 필요성 … 86

6-2 왜 세무서 아저씨가 장부를 볼까?: 세무조사의 진실 … 88

6-3 억울한 세금은 NO!: 납세자의 권리 … 90

6-4 착한 세금의 조건: 공평성과 효율성 … 92

7장. 공무원 되기: 국민을 위해 일하는 공공 서비스의 이야기

7-1 경찰, 소방, 국방: 우리 동네 안전 지킴이 … 98

7-2 길을 만들고 물을 주는 일: 공공 인프라의 마법 … 100

7-3 아픈 사람을 돌보고 가르치는 일: 복지와 교육 … 102

7-4 1년 동안 돈을 어떻게 쓸까?: 예산의 계획과 집행 … 104

8장. 국회의원 되기: 국민의 대표로 재정을 심사하는 이야기

8-1 국민의 대표: … 112
세금을 쓸 권한을 위임받는 이유

8-2 예산 심의의 마법: … 114
낭비되는 돈을 막아라

8-3 법을 만드는 사람: … 116
세법 개정의 주역

9장. 국무위원 되기: 각 분야의 살림을 책임지는 이야기

9-1 행정이란 무엇일까? 세금을 쓰는 현장의 리더 … 122

9-2 부서별 이야기: … 124
세금이 쓰이는 다양한 장소

9-3 예산 집행의 중요성: … 126
낭비 없이 써야 할 책임

9-4 발로하는 투표: … 128
더 좋은 동네를 찾아 떠나는 선택

10장. 대통령 되기: 국가의 운명을 결정하는 가장 큰 책임

10-1 국가의 최고 책임자: 세금 정책의 최종 결정권 ··· 132

10-2 세금으로 무너진 나라들: 역사가 주는 교훈 ··· 134

10-3 공정한 세금 결정의 무게 ··· 136

11장. 주인 되기: 세상을 바꾸는 시민의 힘

11-1 세금의 진짜 주인: 감시하고 책임지는 역할 ··· 140

11-2 재정 민주주의의 꽃: 국민이 결정하는 돈의 흐름 ··· 142

11-3 '기부국가'의 위험성: 세금의 근간이 사라진다면 ··· 144

11-4 세금이 없는 나라가 좋은 나라일까? ··· 146

11-5 세금의 역할: 흔들림 없는 국가의 근간 ··· 149

12장. 미래의 경제인 되기: 새로운 세상을 위한 세금 이야기

12-1 인공지능 시대의 세금: 로봇세와 기본소득 … 152

12-2 지구를 위한 세금: 환경세와 탄소세 … 154

12-3 가장 중요한 것: 윤리적인 세금 … 156

에필로그: 주인이 주인 되게 돕는 세무사의 역할 … 158

프롤로그

용돈으로 배우는 세상의 모든 돈 이야기

친구들, 만약 여러분이 가장 좋아하는 놀이를 계속하기 위해 돈을 모아야 한다면 어떻게 할 건가요? 세금이란 바로 이 '돈 모으기'와 '함께 쓰는 방법'에 대한 약속이에요.

세금과 세무원리가 왜 중요한지, 세 가지 어린이 모임의 이야기를 통해 알아봅시다.

세 가지 어린이 모임

마라탕 모임: 지속 가능한 우정의 힘

세 명의 친구가 매주 금요일마다 마라탕을 먹기로 했어요. 각자 똑같이 돈을 걷어, 그 돈으로 마라탕을 사 먹었죠. 돈을 모으는 규칙이 공평하고 투명했기 때문에, 누가 더 내고 덜 냈는지 싸울 필요가 없었어요. 이 모임은 오랫동안 안정적으로 유지되었고, 친구들의 우정은 더욱 깊어졌어요.

마라탕 모임은 공평한 세금과 지속 가능한 재정이 얼마나 중요한지 보여줍니다. 모두가 조금씩 부담하면, 누구에게도 큰 부담 없이 모두가 행복할 수 있어요.

탕후루 모임: 위험한 왕자님의 기부

이번에는 탕후루를 좋아하는 모임이에요. 이 모임은 가장 잘 사는 친구 한 명이 매주 탕후루 값 전부를 냈어요. 하지만 문제가 생겼습니다. 탕후루를 '얻어먹는' 친구들은 그 친구의 눈치를 보게 되었고, 모임은 탕후루를 사는 친구를 중심으로 '인싸'와 '아싸'가 구분되기 시작했어요. 결국 탕후루를 사주던 친구가 기분이 상해서 "나 이제 돈 안 낼래!" 선언하자, 모임은 바로 사라졌고 친구들 마음도 상했습니다.

탕후루 모임은 '기부 국가'의 위험성을 보여줘요[11-3장 참조]. 국가 운영이 특정인의 선의에 의존하면, 공공성[모두의 이익]이 무너지고 예측 불가능성이 커집니다. 세금은 모든 국민이 국가의 주인[11-3장 참조]으로서 근간을 지키는 역할이에요.

요아정 모임: 사라진 책임감

요아정 모임은 돌아가면서 순서대로 아이스크림 값을 내기로 했어요. 그런데 순서가 된 한 친구가 "오늘은 숙제가 많아" "다음 주에 낼게"라며 자꾸 핑계를 대기 시작했어요. 결국 돈을 내지 않은 친구 때문에 모임은 아이스크림을 사지 못하게 되었고, 이기적인 행동 때문에 모임 전체가 불신에 빠져 해체되고 말았습니다.

요아정 모임은 책임감[납세의 의무]의 중요성을 보여줘요. 한두 명이 자기 의무를 피하기 시작하면 공동체 전체의 시스템이 무너집니다. 세금은 약속이며, 국민 한 사람의 책임이 세상을 유지하는 힘이 된답니다.

이처럼 세금은 돈 문제가 아니라, 우리가 함께 살아가기 위한 가장 중요한 약속입니다. 이제 여러분이 근로자, 사업가, 납세자, 그리고 대통령이 되어 이 세상을 운영하는 법을 배워봅시다!

세무원리란 무엇일까?

친구들, 혹시 '세무원리'라는 말이 어렵게 느껴지나요? 걱정 마세요! 세무원리는 아주 간단해요. 바로 '내 돈과 나랏돈을 관리하는 마법 같은 규칙'을 배우는 거예요.

우리가 학교에서 수학을 배워야 덧셈, 뺄셈을 잘하듯이, 돈과 나라를 움직이는 규칙을 배워야 우리는 더 똑똑하고 현명하게 살아갈 수 있어요.

회계원리 내 돈 관리 **:** 내가 용돈을 얼마나 벌었고, 어디에 썼는지 꼼꼼하게 기록하고 계산하는 규칙이에요. 마치 나만의 비밀 용돈 장부를 만드는 것과 같아요!

재정원리 나랏돈 관리 **:** 나라가 세금으로 돈을 모아서, 우리 모두를 위해 어떻게 쓰고 있는지 계획하고 결정하는 규칙이에요. 우리 동네 놀이터와 학교는 누가 돈을 내서 만들었을까요? 바로 재정 원리에 따라 모은 돈으로 만들었답니다.

이 책은 여러분이 앞으로 살아가면서 맡게 될 다양한 역할을 통해 세무와 경제를 배울 수 있도록 구성되어 있어요.

이 책을 읽으면 얻는 것

이 책을 다 읽고 나면, 여러분은 세 가지 히어로가 될 수 있어요!

1. **용돈 관리 히어로:** 내 용돈이 어떻게 생겨나고 불어나는지 알게 되어, 스스로 돈을 모으고 쓰는 습관을 기를 수 있어요. 회계 능력 UP!
2. **똑똑한 시민 히어로:** 나라가 걷는 세금이 얼마나 소중한지, 그리고 그 돈을 어디에 써야 할지 의견을 낼 수 있는 능력이 생겨요. 재정학적 사고 UP!
3. **공정한 사회 히어로:** 세금이 낭비되지 않게 감시하고, 모두가 공평하게 사는 사회를 만드는 데 필요한 지식을 갖추게 돼요. 세무 지식 UP!

자, 그럼 우리 함께 근로자, 소비자, 사업가, 납세자 등 다양한 역할 옷을 입고 돈의 세계로 떠나볼까요?

1장

근로자 되기

용돈을 버는 나의 이야기

내 노력의 대가: 월급, 어떻게 정해질까?

1-1
급여의 비밀

친구들이 숙제를 열심히 하거나, 엄마 아빠 심부름을 도와드릴 때 용돈을 받는다고 가정해 봅시다. 여기서 '용돈'은 바로 급여[월급]와 같은 개념이에요.

'급여'는 우리가 노동[일]을 한 대가로 받는 돈을 말해요. 여러분의 엄마, 아빠가 회사에 가서 일을 하고 월말에 돈을 받는 것과 같아요.

임금 결정: 내 일의 가치는 얼마일까?

월급이 얼마일지는 어떻게 정해질까요? 회사와 근로자는 서로 이야기해서 월급을 정해요. 이것을 임금 결정이라고 합니다.

- **노력의 정도** 일의 힘듦: 더 어렵고 힘든 일, 또는 더 많은 기술이 필요한 일은 월급이 높아요.
- **시간의 길이** 일한 시간: 일을 오래 하면 당연히 월급도 많아지겠죠.
- **회사의 사정** 돈을 벌었는지: 회사가 돈을 많이 벌었다면 직원들에게 더 많은 월급을 줄 수 있어요.

노동의 대가

여러분이 1시간 동안 숙제하는 것을 '노동'이라고 한다면, 그 대가로 받는 용돈은 '급여'예요. 급여는 내가 제공한 노동의 가치를 돈으로 바꾼 것이랍니다.

1-2

일 잘한 나에게 주는 선물
: 상여금과 보너스의 의미

급여는 매달 규칙적으로 받는 돈이지만, 가끔 기분 좋은 깜짝 선물처럼 돈을 더 받을 때가 있어요. 바로 상여금[보너스]이에요.

상여금은 왜 줄까?

상여금은 보통 회사가 아주 큰 성공을 거두었거나, 개인이 특별히 뛰어난 성과를 냈을 때 줘요.

- **회사의 성공**: 회사가 목표했던 것보다 훨씬 더 많은 이익을 남겼을 때, 직원들에게 감사하는 마음으로 나누어 줘요.
- **나의 성공**: 내가 맡은 프로젝트를 완벽하게 해냈거나, 회사의 위기를 구했을 때 특별 보너스를 받을 수 있어요.

상여금은 직원들이 앞으로도 더 열심히 일하도록 격려하는 '당근'과 같은 역할을 해요. 경제 용어로 이것을 인센티브Incentive라고 부릅니다. 인센티브는 동기를 부여하고 더 나은 성과를 이끌어내는 보상 체계를 말해요.

1-3

더 큰 책임, 더 많은 돈

: 진급과 연봉의 사다리

회사에서 오래 일하고 경험이 쌓이면 '진급'을 해요. 진급은 나의 직급[직위]이 올라가는 것을 의미해요.

✽ **진급**: 사원 → 대리 → 과장 → 부장 → 사장

진급하면 왜 월급이 오를까?

진급은 단순히 이름만 바뀌는 것이 아니에요. 진급을 했다는 것은 다음과 같은 의미를 담고 있어요.

✽ **책임의 크기**: 이제는 나 혼자 일하는 것이 아니라, 다른 직원들을 이끌고 가르치는 관리자 역할까지 맡게 돼요. 책임이 커진 만큼 더 많은 대가를 받는 것이죠.

✽ **전문성의 가치**: 오랫동안 일을 하면서 쌓은 경력과 노하우[전문성]는 회사에 매우 중요해요. 회사는 그 가치에 보답하기 위해 더 높은 연봉을 줘요.

연봉은 '1년 동안 받는 급여의 총액'을 말합니다. 진급을 하면 보통 다음 해의 언봉이 크게 올라가요. 이는 회사가 여러분의 성장과 능력을 인정했다는 뜻이랍니다.

1-4

용돈도 아껴 써야 하는 이유 : 4대 보험과 실수령액

드디어 월급날! 통장에 돈이 찍혔는데, 약속했던 금액보다 조금 적은 것을 발견했어요. 왜 그럴까요? 바로 '함께 쓰는 돈'을 미리 떼어 놓았기 때문이에요.

회사에서는 여러분의 월급에서 두 가지 종류의 돈을 미리 떼어 놔요.

❶ 4대 보험 함께 나누는 돈

이 돈은 여러분이 혹시 아프거나, 다치거나, 나중에 나이가 들어서 일을 못 하게 될 때를 대비해서 모아두는 '안전 자금'이에요.

- **국민연금**: 나중에 나이가 들었을 때 생활비를 받을 수 있도록 미리 저축하는 돈.
- **건강보험**: 병원에 갔을 때 치료비를 적게 내도록 도와주는 돈.
- **고용보험**: 갑자기 직장을 잃었을 때 잠시 동안 생활비를 받을 수 있도록 도와주는 돈.
- **산재보험**: 일하다 다쳤을 때 치료비를 지원해 주는 돈. 이것은 회사에서 전부 내 줘요!

❷ 세금 나라 살림에 쓰는 돈

이 돈은 국가를 운영하기 위하여 나라에 내는 돈이에요. 경찰, 소방서, 학교, 도서관 등 우리 모두가 함께 쓰는 공공 시설과 서비스를 유지하는 데 사용됩니다.

❸ 실수령액의 탄생

구분	금액	설명
세전 급여 (총월급)	3,000,000원	회사와 약속한 원래 월급
(-) 4대 보험료	-200,000원	나와 가족의 미래 안전을 위해 미리 떼어 놓는 돈
(-) 세금	-100,000원	나라 살림(공공재)을 위해 떼어 놓는 돈
= 실수령액	2,700,000원	실제로 내 통장에 들어오는 돈

세전 급여에서 4대 보험료와 세금을 뺀 나머지 금액이 바로 실수령액이에요. 근로자는 이 실수령액으로 생활하게 된답니다.

TIPS

장부로 보기 김근로의 가계부 (1)

들어온 돈과 나간 돈을 기록하는 것을 장부라고 합니다. 편의상 들어온 돈은 오른쪽에 나간 돈은 왼쪽에 적기로 했어요.

김근로는 월급날 아래처럼 가계부를 적었습니다.

김근로의 장부(가계부)

구분		설명	
보험료	200,000	월급	3,000,000
세금 (소득세)	100,000		
남은 돈	2,700,000		

2장

소비자 되기

뚝뚝하게 돈을 쓰는 나의 이야기

2-1

소비와 만족
: 가성비 좋은 행복 찾기

여러분은 용돈이 생기면 무엇부터 하고 싶나요? 아마 대부분 맛있는 간식을 사 먹거나, 새로운 장난감을 살 거예요. 이처럼 돈을 사용하여 물건을 사거나 서비스를 이용하는 것을 소비라고 해요.

합리적인 소비란?

용돈은 한정되어 있기 때문에, 우리는 모든 것을 다 살 수 없어요. 그래서 가장 큰 만족을 주는 물건을 선택해야 해요. 이것을 합리적 소비라고 합니다.

용돈 5,000원을 받고 합리적 소비를 위하여 어떤 선택을 할지 고민해요.

✽ **선택 A:** 신상 만화책 (5,000원)

✽ **선택 B:** 좋아하는 젤리 3개 (3,300원) + 남은 돈으로 저금 (1,700원)

만약 여러분이 만화책을 읽을 시간이 없다면, 젤리와 저금을 선택하는 것이 더 합리적인 소비일 수 있어요.

경제학의 핵심: 기회비용

하나를 선택하면, 다른 하나를 포기해야 하죠? 경제학에서는 내가 포기한 것 중에서 가장 아까운 것을 기회비용Opportunity Cost이라고 불러요.

여러분이 만화책선택 A을 고른다면, 기회비용은 젤리를 먹고 1,700원을 저금할 기회를 포기한 것이 됩니다. 똑똑한 소비자가 되려면, 소비하기 전에 '내가 포기하는 기회비용은 무엇일까?'를 꼭 생각해야 해요!

TIPS

장부로 보기: 김근로의 가계부 (2)

들어온 돈과 나간 돈을 기록하는 것을 장부라고 했지요. 편의상 들어온 돈은 오른쪽에 나간 돈은 왼쪽에 적기로 했답니다.

김자녀는 김근로의 자녀예요. 김근로는 김자녀에게 용돈 5천원을 주었어요. 김근로의 가계부에서 나간 돈이 5천원 늘었고, 남은 돈은 5천원이 줄었어요.

김근로의 장부 (가계부)

나간 돈		들어온 돈	
보험료	200,000	월급	3,000,000
세금 (소득세)	100,000		
용돈	5,000		
남은 돈	2,695,000		

2-2

숨어있는 세금 히어로

여러분은 물건을 살 때 이미 세금을 내고 있다는 사실을 알고 있나요?

❶ 부가가치세VAT: 숨어있는 10% 친구

여러분이 편의점에서 1,000원짜리 과자를 살 때, 영수증을 자세히 보면 '부가가치세'라고 적힌 금액이 약 100원 정도 포함되어 있어요. 과자 900원, 세금 100원인 셈이죠. 이처럼 물건을 사거나 서비스를 이용할 때마다 자동으로 붙는 세금 친구가 바로 부가가치세예요. 이 친구는 우리가 돈을 쓸 때마다 나라에 자동으로 납부된답니다.

❷ 소득세: 수입을 나누는 친구

우리 아빠나 엄마가 회사에서 열심히 일해서 월급소득을 받을 때, 나라에 일정 부분을 내는 세금 친구가 있어요. 이것이 바로 소득세예요. 돈을 많이 벌수록 세금을 더 많이 내는 규칙누진세을 가지고 있어서, 소득세는 '형편에 따라 공평하게 부담하자'는 원칙을 지키는 중요한 친구입니다.

❸ 재산세: 우리 집을 지키는 친구

여러분이 살고 있는 집이나 아파트처럼, 아주 값나가는 재산을 가지고 있을 때 매년 내는 세금 친구가 재산세예요. 이 세금은 여러분의 집 주변의 도로를 깨끗하게 하고, 학교나 공원 같은 동네 시설을 유지하는 데 사용됩니다. 즉, 여러분의 재산 가치를 유지하고 보호하는 데 쓰이는 것이죠.

부가가치세처럼, 소비자가 물건 값에 포함된 세금을 직접 내지만, 그 세금을 나라에 전달하는 것은 가게 주인[사업가]인 세금을 간접세라고 불러요.

- **직접세**: 소득세처럼 내가 직접 나의 이름으로 신고하고 내는 세금.
- **간접세**: 부가가치세처럼 물건 값에 포함되어 간접적으로 내는 세금.

TIPS 장부로 보기: 김자녀의 용돈기입장

들어온 돈과 나간 돈을 기록하는 것을 장부라고 했어요. 편의상 들어온 돈은 오른쪽에 나간 돈은 왼쪽에 적기로 했지요.

김자녀는 아래처럼 장부를 적었습니다.

김자녀 장부 (용돈기입장)

나간 돈		들어온 돈	
젤리 3개	3,000	용돈	5,000
세금 (부가세)	300		
남은 돈	1,700		

2-3

크고 비싼 물건을 살 때의 지혜 : 감가상각과 대출

집이나 자동차처럼 아주 비싼 물건을 사는 소비는 조금 달라요. 이 물건들은 우리의 재산[자산] 목록에 올라가지만, 그 가치가 시간이 지나면서 변하기 때문이죠.

시간이 지날수록 가치가 줄어든다면? 감가상각

새로 산 장난감을 1년 뒤에 중고로 팔려고 하면, 처음 샀던 가격을 받을 수 있을까요? 아마 어려울 거예요. 시간이 지날수록 물건의 가치가 닳아 없어지기 때문이죠. 이것을 감가상각[Depreciation]이라고 해요.

- 자동차: 차를 사는 순간부터 가치가 빠르게 줄어들어요. 소비의 성격이 강해요.
- 주택집: 보통은 시간이 지나도 가치가 크게 줄지 않거나, 오히려 오르기도 해요. 투자의 성격이 강해요.

똑똑한 소비자는 물건을 살 때 이 물건이 나에게 감가상각을 가져올지, 아니면 가치 상승을 가져올지 생각해 봐야 해요.

내 돈이 부족할 때: 대출과 부채

자동차나 집처럼 아주 큰 돈이 필요할 때는 은행에서 돈을 빌려야 해요. 이것을 대출Loan이라고 하고, 빌린 돈은 부채Debt가 됩니다.

부채를 갚지 못하면 신용을 잃고 큰 어려움에 처할 수 있어요. 하지만 잘 활용된 대출은 우리가 집을 빨리 마련하거나, 더 좋은 기회를 얻을 수 있게 돕기도 한답니다.

2-4

내일의 돈을 오늘 쓰는 방법
: 신용 점수와 할부의 유혹

당장 돈이 없어도 물건을 살 수 있게 해주는 마법 같은 방법이 있어요. 바로 할부와 신용카드예요.

나에 대한 믿음: 신용Credit

신용은 '내가 앞으로 돈을 갚을 것이라는 믿음'을 말해요. 친구에게 연필을 빌렸다가 꼭 갚는 것처럼, 은행이나 카드 회사에 돈을 빌렸다가 제때 갚으면 신용 점수가 올라가요.

- **신용 점수가 높으면:** 더 좋은 조건낮은 이자으로 돈을 빌릴 수 있어요.
- **신용 점수가 낮으면:** 돈을 빌리기 어렵고, 이자도 높아져요.

할부와 이자의 함정

할부Installment는 물건값을 몇 달에 걸쳐 나누어 내는 방식이에요. 당장은 부담이 적지만, 할부에는 보통 이자Interest가 붙어요.

> **이자**: 남의 돈을 빌려 쓴 대가로 지불하는 돈. 예를 들어, 10,000원짜리 장난감을 할부로 샀는데 이자가 10%라면, 실제로는 11,000원을 내야 하는 것이죠. 할부는 당장의 소비를 가능하게 하지만, 미래의 나에게 빚과 이자를 남기는 셈이니 신중해야 해요.

TIPS

장부로 보기: 김근로의 가계부 (3)

김근로는 자녀와 가정의 행복한 보금자리를 마련하고 싶었어요. 그래서 집을 사려고 합니다. 집의 값은 1천만 원이었고 은행에서 주택구입자금 8백만 원을 빌렸습니다.

집을 사고 이후 1년 동안 은행에 대한 이자 4십만 원과 주택에 대한 재산세 3만 원이 발생하였습니다.

들어온 돈과 나간 돈을 기록하는 것을 장부라고 했어요. 편의상 들어온 돈은 오른쪽에 나간 돈은 왼쪽에 적기로 했지요.

김근로의 장부(가계부)

나간 돈		들어온 돈	
보험료	200,000	월급	3,000,000
세금 (소득세)	100,000		
용돈	5,000		
주택	10,000,000	빌린 돈	8,000,000
이자	400,000		
세금 (재산세)	30,000		
남은 돈	265,000		

3장

사업가 되기

새로운 가치를 만드는 나의 이야기

3-1

사장님의 고민
: 직원에게 월급을 주는 이유

드디어 여러분이 사장님이 되어 회사를 차렸어요! 그런데 일이 너무 많아서 혼자 할 수 없게 되었어요. 이때 필요한 것이 바로 직원 고용이에요.

직원을 고용하는 이유: 가치 창출

직원에게 월급[인건비]을 주면 당장 내 돈이 줄어들어요. 하지만 사장님들은 왜 직원을 뽑을까요?

직원이 한 달 동안 열심히 일해서 200만 원짜리 가치를 만들었다고 해봅시다. 사장님이 그 직원에게 150만 원을 월급으로 준다면, 회사에는 50만 원의 이익이 남게 됩니다.

직원들은 회사에 들어와 월급보다 더 큰 가치를 만들 수 있기 때문에, 사장님은 기꺼이 돈을 주고 직원을 고용하는 것이랍니다.

- 인건비Labor Cost: 직원의 월급, 상여금 등 고용에 드는 모든 비용.
- 고용의 의미: 사장님은 비용을 지출하지만, 그 이상의 생산성을 얻게 돼요.

3-2

함께 성장하는 파트너
: 투자자와 자본금 모으기

사업을 시작하거나 더 크게 키우려면 큰돈, 즉 자본Capital이 필요해요. 사장님 혼자서 모든 돈을 마련하기 어려울 때, 다른 사람에게 도움을 요청할 수 있어요. 바로 투자Investment예요.

투자를 받는 두 가지 방법

❶ 동업자 구하기주식 발행

"우리 회사에 돈을 넣어주세요! 대신 회사가 벌어들이는 이익을 함께 나눠 가질 수 있는 '주인 권한(주식)'을 드릴게요."

주식으로 자본을 조달하면 이익이 생겼을 때 배당금을 나누어 줍니다.

❷ 은행에 돈 빌리기[대출]

"은행에 돈을 빌릴게요! 이익을 나누는 대신, 이자(빌린 돈의 대가)를 꼬박꼬박 갚겠습니다."

대출로 자금을 조달하면 회사는 채무[부채]가 생기고 이후에 이자를 줘야 하고, 약속한 날[만기일]에 빌린 돈을 돌려줘야 해요.

투자는 회사의 위험을 함께 나누고, 회사가 성장했을 때 보상을 받는 중요한 활동이에요.

3-3

꿈을 위한 빚
: 착한 빚과 나쁜 빚 구별하기

대출이나 채무는 무조건 나쁜 것일까요? 아니에요. 똑똑한 사업가는 '빚'을 잘 활용할 줄 압니다.

❶ 착한 빚[생산적인 부채]

돈을 빌려서 더 많은 돈을 벌 수 있는 곳에 쓰는 빚을 말해요. 예를 들어 기계를 새로 사려고 1억 원을 빌렸는데, 이 기계 덕분에 1년 동안 2억 원을 벌었어요. 돈을 빌려서 더 많은 돈을 벌 수 있으니까 착한 빚이네요.

❷ 나쁜 빚비생산적인 부채

사업 성장에 아무런 도움도 되지 않고, 그저 불필요한 소비나 사치에 쓰는 빚을 말해요. 나쁜 빚은 이자만 계속 나가 회사를 힘들게 만들어요.

사업가에게 차입금빌린 돈은 성장의 도구입니다. 빚이 있더라도 회사가 버는 돈수익이 이자보다 훨씬 많다면, 그 빚은 회사를 키우는 '성장의 연료'가 될 수 있어요.

3-4

매출과 순이익 계산
: 사장님이 내야 할 소득세

사업가는 나라에 세금을 내야 해요. 하지만 근로자처럼 월급에서 자동으로 떼는 방식이 아니라, 1년 동안의 장부를 정리해서 세금을 계산해요.

사업가가 내는 세금은 '순이익'에 붙어요

- ✤ 매출[Revenue]: 물건을 팔아서 통장에 들어온 총액.
- ✤ 비용[Expense]: 물건을 만들거나 직원을 고용하는 데 쓴 돈. 재료비, 인건비, 월세 등.
- ✤ 순이익[Net Income]: 매출액 - 비용 = 순이익
  사장님 주머니에 실제로 남는 돈이에요.

사장님은 이 순이익에 대해 소득세를 내게 됩니다. 순이익이 많을수록 세금도 많아지겠죠.

공정한 세금을 위한 기록

사업가는 자기가 실제로 얼마를 벌었는지 증명하기 위해 회계 장부를 꼼꼼하게 기록해야 해요. 이 장부가 없다면, 나라에서는 '대충 얼마를 벌었겠지?' 하고 예상해서 세금을 매기는데, 이럴 경우 세금을 너무 많이 낼 수도 있어요. 세무사는 사업가의 장부를 정리하여 가장 정확하고 공정한 세금을 낼 수 있도록 돕는 전문가랍니다.

TIPS

장부로 보기: 이기업의 재무제표

이기업은 박은행에게 주식을 발행하여 2백만 원을 조달하여 사업을 시작했어요. 회사를 만들어서 유통사업을 하고 있지요. 올해 김근로를 고용하여 함께 유통사업으로 5백만 원을 벌고, 법인세로 1백만 원을 지출했어요. 그리고 주주인 박은행에게 배당금 50만 원을 지급했어요.

이기업의 장부(재무제표)

나간 돈		들어온 돈	
급여	3,000,000	매출	5,000,000
세금 (법인세)	1,000,000	자본금	2,000,000
배당금	500,000		
남은 돈	2,500,000		

4장

금융 투자자 되기

내 돈이 일하게 만드는 이야기

4-1

돈이 돈을 버는 마법
: 이자와 투자 수익

여러분은 용돈을 받으면 은행 저금통에 넣는 경우가 많을 거예요. 돈을 저금하면 시간이 지날수록 돈이 조금씩 늘어나죠? 이것이 바로 이자[Interest]와 투자의 마법이에요.

시간 가치와 이자

은행에 돈을 맡기면 은행은 그 돈을 다른 사람에게 빌려주고 이익을 얻어요. 그리고 그 대가로 여러분에게 약간의 보상을 주는데, 이것이 이자예요. 즉, '지금 가진 돈'이 '미래에 가질 돈'보다 가치가 크다는 돈의 시간 가치[Time Value of Money]를 반영하는 것이죠.

시간 가치의 핵심 공식

미래 가치 = 현재 가치 × (1 + 이자율) × (1 + 이자율) × (1 + 이자율) ··· × (1 + 이자율)

💡 미래 가치는 현재 가치에 (1+ 이자율)을 투자한 기간만큼 곱하면 돼요.

복리의 마법Compound Interest

더 놀라운 것은 복리Compound Interest예요. 복리는 '이자에도 이자가 붙는' 방식이에요.

- **단리:** 원금 10,000원에만 매년 이자가 붙어요.
- **복리:** 원금에 붙은 이자가 다시 원금이 되어, 다음 해에는 '원금 + 첫 해 이자'에 이자가 붙어요.

복리는 기간이 길어질수록 눈덩이처럼 돈을 불려주는 마법을 발휘합니다. 금융 투자자가 된다는 것은, 바로 이 복리의 힘을 이용해 내 돈을 열심히 일하게 만드는 것을 의미해요.

4-2

착한 사장님 찾기 : 주식과 채권

투자를 하려면 단순히 은행에 저금하는 것을 넘어, 돈이 필요한 회사에 직접 돈을 넣어주는 방법이 있어요. 바로 주식과 채권을 사는 거예요.

❶ **주식**Stock: 회사의 주인이 되다

주인이 된다는 것은 제일 마지막에 돈을 가져간다는 의미예요. 기업의 주인이 되면 급여를 주고 세금을 내고 남은 돈을 가져가요. 남은 돈이 없으면 가져갈 수 없답니다. 그래서 주인은 사업을 성공시키려고 노력합니다. 기업의 주인이 주주라면 국가의 주인은 국민이에요.

- **장점**: 회사가 돈을 많이 벌면 이익[배당금]을 받고, 회사가 성장하면 주식 가격이 올라 큰돈을 벌[투자 수익] 수 있어요.
- **단점**: 회사가 망하면 내가 넣은 돈 전체를 잃을[리스크] 수도 있어요.

❷ 채권[Bond]: 회사에 돈을 빌려주다

채권을 산다는 것은 그 회사에 돈을 빌려주는 것을 의미해요.

- **장점**: 정해진 기간 동안 이자[약속된 수익]를 받으며, 만기가 되면 원금을 돌려받을 수 있어요. 주식보다 리스크가 적어요.
- **단점**: 회사가 망하면 돈을 돌려받지 못할 수도 있지만, 주식보다는 안전한 편이에요.

투자는 '리스크[위험]'를 감수하고 더 큰 '수익'을 얻는 활동입니다. 투자자는 좋은 회사를 찾고, 그 회사의 성장에 베팅하는 사람이죠.

4-3

똑똑한 세금 관리 : 금융소득세

돈이 일해서 벌어들인 수익에도 당연히 세금이 붙어요. 이것을 금융소득이라고 해요. 금융소득을 번 사람이 개인이면 소득세를 내고, 법인이면 법인세를 낸답니다.

- **이자소득**: 은행에 저금하거나 채권을 사서 이자[수익]를 받았을 때 내는 세금이에요.
- **배당소득**: 주식을 사서 그 회사의 이익을 배당금으로 받았을 때 내는 세금이에요.

나라에서는 일반적으로 이 금융소득에 대해 약 15%의 세금을 걷습니다. 이 세금은 금융기관은행이나 증권사이 여러분에게 이자나 배당금을 줄 때 미리 떼어서 나라에 내줘요. 줄 때 미리 떼고 주는 것을 원천징수라고 해요.

나라에서는 국민의 저축을 장려하기 위해 청년들어린이 포함이 특정 상품에 돈을 모을 경우 세금을 깎아주거나 면제해 주는 혜택비과세/세금우대을 제공하기도 해요.

TIPS

장부로 보기: 박은행의 재무제표

박은행은 김자녀의 등 여러 사람으로부터 예금을 받아 1천만 원을 모았어요. 김근로에게 8백만 원을 빌려주고 이자로 40만 원을 받았지요. 또 이기업의 회사에 2백만 원을 출자하여 배당금으로 50만 원을 받았습니다.

박은행의 장부(재무제표)

나간 돈		들어온 돈	
		예금 받은 돈(수신)	10,000,000
빌려준 돈(여신)	8,000,000	이자 수익	400,000
투자한 주식	2,000,000	배당금 수익	500,000
세금 (법인세)	300,000		
남은 돈	600,000		

수신예금, Deposit은 은행에 돈을 맡기는 것을 말해요. 여러분이 돼지 저금통에 돈을 모으는 것처럼, 은행에 맡긴 돈은 안전하게 보관되며 이자도 받을 수 있어요.

여신대출, Loan은 은행이 돈을 빌려주는 것을 말해요. 집을 사거나 사업을 하고 싶을 때 은행이 돈을 빌려주고, 빌려준 기간 동안 이자를 받는 거래랍니다.

4-4

투자의 원칙 : 분산과 장기 투자

투자로 성공하려면 몇 가지 중요한 원칙이 있어요.

❶ 계란을 한 바구니에 담지 마라: 분산 투자

내가 가진 모든 돈을 단 하나의 주식에 투자했는데 그 회사가 망한다면? 모든 돈을 잃게 되겠죠. 그래서 똑똑한 투자자는 여러 회사, 여러 종류의 자산[주식, 채권, 부동산 등]에 나누어 돈을 투자해요. 이것을 분산 투자 또는 포트폴리오를 만든다고 해요.

❷ 오래, 꾸준히: 장기 투자

복리의 마법[4-1장 참조]은 시간이 오래 지나야 효과를 발휘해요. 투자는 짧은 기간 동안 갑자기 큰돈을 버는 것이 아니라, 오랜 시간 꾸준히 돈을 넣어 회사의 성장을 함께 기다리는 것이 중요해요. 급하게 사고파는 것보다, 천천히 성장하는 좋은 회사를 찾는 것이 훨씬 중요하답니다.

5장

국제 무역가 되기

국경을 넘는 돈과 세금 이야기

5-1

환율의 비밀
: 다른 나라 돈의 가치

다른 나라와 물건을 사고팔 때 가장 중요한 것은 환율이에요.

환율[Exchange Rate]: 돈과 돈의 교환 비율

환율은 '다른 나라의 돈[통화]과 우리나라의 돈을 바꾸는 비율'을 말해요.

- ✽ 예를 들어 미국 돈[달러, $]와 우리나라 돈[원, ₩]이 있어요.
- ✽ 1달러 = 1,000원이면 미국 물건 1달러짜리를 사려면 1,000원을 내야 해요.
- ✽ 환율 상승해서 1달러 = 1,200원이면 달러 가치가 올라서, 같은 물건을 사려면 1,200원을 내야 해요. 수입하는 사람에게 불리하지요.

✽ 환율 하락해서 1달러 = 900원이 되면 달러 가치가 내려서, 900원만 내면 돼요. 수입하는 사람이 유리해진답니다.

환율은 매일매일 변동하며, 국제 무역가들은 이 환율 변화를 예측해서 이익을 얻거나 손해를 보기도 해요.

5-2

국경을 넘나드는 세금 : 관세

외국에서 만든 물건이 우리나라로 들어올 때, 나라에 세금을 내야 해요. 이것을 관세[Tariff]라고 합니다.

관세는 왜 걷을까?

관세를 걷는 목적은 크게 세 가지예요.

❶ 나라 살림

세금이니까 당연히 나라의 재정 수입이 됩니다.

❷ 우리나라 산업 보호

외국 물건에 관세를 붙여서 가격을 비싸게 만들면, 사람들이 우리나라 물건을 더 사게 되겠죠? 이는 국내 공장과 회사를 지켜주는 역할을 해요.

❸ 무역 규제

어떤 나라가 우리를 괴롭힐 때, 그 나라 물건에만 특별히 높은 관세를 붙여서 경제적인 압박을 가할 수도 있어요.

관세는 국제 무역을 공정하게 유지하고, 나라의 경제를 보호하는 데 아주 중요한 역할을 한답니다.

5-3

무역의 약속 : FTA와 WTO

각 나라가 자기 나라 산업을 보호하기 위해 관세를 너무 높게 매긴다면, 전 세계적으로 물건을 사고파는 무역이 줄어들겠죠. 그래서 나라들은 서로 약속을 해요.

관세를 낮추는 약속: FTA

자유무역협정[FTA: Free Trade Agreement]은 두 나라 또는 여러 나라가 서로의 물건에 붙는 관세를 아예 없애거나 아주 낮추기로 약속하는 거예요. FTA가 체결되면 그 나라 물건 값이 싸져서 무역이 활발해져요.

국제적인 심판관: WTO

세계무역기구WTO: World Trade Organization는 전 세계 나라들이 무역을 할 때 생기는 문제나 불공평한 규칙들을 해결해 주는 국제 기구예요. WTO는 모든 나라가 공평하게 무역할 수 있도록 규칙을 만들고 지키는지 감시합니다.

5-4

나라 간의 돈 거래

: 국제 수지

국제 무역가는 우리나라가 다른 나라와 얼마나 많은 돈을 주고받았는지 항상 기록해야 해요. 이것을 국제 수지[Balance of Payments]라고 합니다. '수지'는 수입과 지출을 합친 말이 예요, 수입은 들어온 돈, 지출은 나간 돈이지요. 우리 집에서 엄마나 아빠가 한 달 동안 벌어들인 돈[수입]과 쓴 돈[지출]을 기록하는 것이 '가계부'인 것처럼, 나라에도 이런 '가계부'가 있어요. 이 기록을 보면 우리나라가 외국에 빚을 많이 졌는지, 아니면 돈을 많이 벌었는지 알 수 있답니다.

❶ 경쟁력의 상징: 수출

- 우리나라 물건을 외국에 팔면[수출] 우리나라에 돈[달러]이 들어와요.
- 수출 > 수입이면 무역 흑자라고 하며, 우리나라 경제가 튼튼하다는 신호예요.

❷ 소비의 상징: 수입

- 외국 물건을 우리나라로 가져오면[수입] 우리나라의 돈[달러]이 외국으로 나가요.
- 수출 < 수입이면 무역 적자라고 하며, 우리나라 돈이 외국으로 많이 나간다는 뜻이에요.

국제 무역가는 단순히 물건을 사고파는 사람을 넘어, 우리나라의 경제적인 힘과 국제적인 위치를 결정하는 중요한 역할을 한답니다.

TIPS

장부로 보기: 최무역의 재무제표

최무역은 해외에서 원료를 5백만 원 수입하여, 1천만 원짜리 제품을 만들었어요. 3백만 원은 해외로 수출하고 7백만 원은 국내에서 판매하였답니다. 수입할 때 납부한 관세 10만 원 중 수출한 3만 원은 환급받았어요.

최무역의 장부(재무제표)

나간 돈		들어온 돈	
수입	5,000,000	해외수출	3,000,000
세금(관세)	70,000	국내판매	7,000,000
법인세(무역업)	1,000,000		
남은 돈	3,930,000		

6장

납세자 되기

국가 재정을 지지하는 시민의 이야기

6-1

나 혼자 만들 수 없는 것들
: 공공재의 필요성

여러분은 학교에서 수업을 들을 때 돈을 내지 않고, 밤에 길을 걸을 때 경찰 아저씨에게 돈을 내지 않죠? 이런 것들을 공공재Public Goods라고 해요.

공공재는 누가 돈을 낼까?

공공재는 '모두가 함께 쓰지만, 돈을 내지 않은 사람을 막을 수 없는' 물건이나 서비스예요.

❶ 배제할 수 없어요

누군가에게 "너는 이 공원을 쓰지 마!"라고 막을 수 없어요.

❷ 함께 써도 줄지 않아요

내가 공원에서 숨 쉬는 공기를 쓴다고 해서 옆 친구가 숨 쉬는 공기가 줄어들지^비경합성^ 않아요.

만약 이런 공공재를 세금 없이 개인에게 맡긴다면, 아무도 돈을 내지 않으려고 할 거예요. 왜냐하면 내가 돈을 내지 않아도 다른 사람이 낸 돈으로 만든 공공재를 쓸 수 있기 때문이죠! 이것을 '무임승차^Free Riding^'라고 해요.

이런 무임승차를 막고, 우리 모두에게 꼭 필요한 서비스를 제공하기 위해 나라가 강제로 걷는 돈, 바로 세금이 필요한 거랍니다.

6-2

왜 세무서 아저씨가 장부를 볼까? : 세무조사의 진실

사업가 장부를 정리하는 세무사가 있다고 했죠? 이 장부를 최종적으로 검사하는 기관이 바로 세무서예요. 그리고 세무서에서 장부가 제대로 되었는지 확인하는 것을 세무조사Tax Audit라고 해요.

세무조사는 왜 할까?

세무조사는 사업가나 근로자를 괴롭히기 위해 하는 것이 아니에요. 세무조사의 목적은 단 하나, 바로 '공정함'을 지키기 위해서예요.

❶ 정확한 세금 확인

어떤 사업가가 돈을 많이 벌었는데 일부러 장부를 속여서 세금을 적게 냈다면? 이것을 탈세라고 해요. 세무조사를 통해 진짜 번 돈을 확인하고, 다른 사람들과 똑같이 정직하게 세금을 내도록 하는 거예요.

❷ 성실 납세자 보호

성실하게 세금을 낸 사람들은 손해를 보지 않도록 보호하는 역할도 해요.

세정은 나라가 세금을 거두고 관리하는 모든 일을 말합니다. 세무조사는 나라의 살림을 공정하게 운영하는 아주 중요한 약속인 셈이죠.

6-3

억울한 세금은 NO!
: 납세자의 권리

세금을 내는 것은 우리의 의무이지만, 동시에 우리는 세금을 낼 때 보호받아야 할 권리도 가지고 있어요. 이것을 납세자의 권리[Taxpayer Rights]라고 불러요.

억울할 땐 따질 수 있어요: 조세 불복

만약 세무서에서 세금을 계산했는데, 여러분의 생각으로는 '이건 너무 많이 낸 것 같아요! 잘못 계산되었어요!'라고 느껴질 때가 있을 수 있죠.

이럴 때 납세자는 억울함을 호소하고 세금이 맞게 계산되었는지 다시 한번 확인해 달라고 요구할 수 있어요. 이것을 조세 불복이라고 합니다. 법원처럼 특별한 곳에 심사를 요청해서 세금 문제를 해결할 수 있어요.

납세자 보호의 원칙

나라에서는 납세자를 보호하기 위해 여러 가지 규칙을 만들었어요.

❶ 비밀 보호

내가 낸 세금 정보는 아무에게도 알려주지 않아요.

❷ 미리 알려주기

세금을 내야 할 때가 되면 미리 친절하게 알려주고, 세무조사 전에 미리 통보해 줘야 해요.

❸ 세무 전문가의 도움

세금 계산이 복잡할 때 세무사나 회계사 같은 전문가의 도움을 받을 권리가 있어요.

세금에 대한 다툼은 전쟁처럼 상대방을 미워해서 죽이려는 싸움이 아니에요. 누구말이 더 타당하고 법에 맞는지 살펴보고 안내하는 싸움이랍니다.

6-4

착한 세금의 조건

: 공평성과 효율성

세금은 나라 살림을 위한 것이지만, 무조건 많이 걷는다고 좋은 것은 아니에요. 세금에도 '착하게 걷는 원칙'이 있어요.

❶ 공평성Fairness

공평성은 세금을 낼 때 누구에게나 불공평하지 않아야 한다는 원칙이에요.

- **돈을 많이 벌면 더 많이**: 돈을 많이 버는 사람이 조금 더 높은 비율로 세금을 내는 것을 능력에 따른 공평이라고 해요.
- **똑같은 세금은 NO**: 돈이 없는 사람에게도 부자에게도 똑같은 금액의 세금을 내라고 하면 불공평하겠죠.

❷ 효율성Efficiency

세금을 걷는 과정이 복잡하고 돈이 너무 많이 들면 안 되겠죠? 세금 제도가 간단하고 투명해서 나라가 세금을 걷는 데 드는 비용을 줄여야 한다는 원칙이에요.

❸ 확실성 & 편리성

- 확실성: 세금은 언제, 얼마나 내야 하는지 누구나 쉽게 알 수 있어야 해요.
- 편리성: 세금을 내는 방법이 복잡하지 않고 쉬워야 해요.

이처럼 납세자 역할을 맡은 우리는 세금의 필요성을 이해하고 정직하게 납부하는 동시에, 나라가 세금을 공평하고 효율적으로 걷는지 감시할 권리도 가지고 있답니다.

만약 세금을 내지 않는다면?

만약 갑자기 대한민국 모든 국민이 세금을 단 1원도 내지 않는다면 어떻게 될까요? 마치 요아정 모임프롤로그 3번 참조처럼, 공동체가 순식간에 무너지고 큰 혼란이 올 거예요.

- **치안과 안전의 붕괴**: 경찰, 소방관, 군인들에게 월급을 줄 수 없어집니다. 우리 동네를 지켜주는 사람이 사라지고, 위급한 일이 생겨도 도움을 받을 수 없게 되겠죠.
- **교육의 중단**: 국공립 학교 선생님들의 월급, 학교 건물을 유지하는 비용, 도서관 운영비가 모두 사라집니다. 교육을 받을 권리가 사라지거나, 아주 부자만 교육을 받을 수 있는 세상이 돼요.
- **도로와 다리의 파괴**: 공공 도로, 다리, 지하철 등의 인프라를 보수하고 새로 만드는 돈이 없어집니다. 안전하게 걸어 다닐 수 있는 길조차 사라지게 될 거예요.
- **사회 약자 보호 불가**: 아픈 사람을 돕는 의료 보험 시스템, 생활이 어려운 사람들을 위한 복지 시스템이 모두 사라져서, 돈이 없는 사람은 삶을 지탱하기 어려워집니다.

결국 세금은 우리가 서로에게 약속하는 '안전망'이자, 모두가 더 나은 삶을 살기 위해 함께 투자하는 마법의 씨앗이랍니다. 세금을 내는 것은 의무인 동시에, 우리 모두의 소중한 권리를 지키는 행동이에요.

TIPS

장부로 보기: 한나라의 세입

한나라에는 김근로, 김자녀, 이기업, 박은행, 최무역이 살고 있어요. 이들은 각각 소득세, 부가세, 법인세, 관세를 납부했어요. 올해 한나라의 국민이 납부한 세금은 2,500,300원이었어요.

한나라의 장부(세입부)

납세자	들어온 돈(세입)	비고
김근로	100,000	세금(소득세)
김자녀	300	세금(부가세)
김근로	30,000	세금(재산세)
이기업	1,000,000	법인세(유통업)
박은행	300,000	법인세(은행업)
최무역	1,000,000	법인세(무역업)
최무역	70,000	세금(관세)
합계	2,500,300	

7장

공무원 되기

국민을 위해 일하는
공공 서비스의 이야기

7-1

경찰, 소방, 국방
: 우리 동네 안전 지킴이

공무원이 하는 일 중 가장 중요하고 멋진 일은 바로 국민의 안전을 지키는 일이에요. 경찰관, 소방관, 군인들이 하는 일이죠. 이 모든 안전 서비스는 세금으로 운영되는 공공 서비스예요.

- **경찰(치안)**: 우리가 살고 있는 사회의 질서를 유지하고, 위험으로부터 국민을 보호해요.
- **소방(안전)**: 화재나 재난이 발생했을 때 생명을 구하고 피해를 막아요.
- **국방(국가 안보)**: 다른 나라의 위협으로부터 우리나라를 지켜요. 군인들의 월급, 탱크나 비행기를 만드는 데 드는 돈 모두 국방 재정이라고 불리며 세금으로 충당돼요.

이분들이 계신 덕분에 우리는 밤에도 안심하고 잠들 수 있고, 학교에 안전하게 다닐 수 있답니다.

7-2

길을 만들고 물을 주는 일
: 공공 인프라의 마법

여러분이 매일 다니는 학교 앞 도로, 깨끗한 수돗물, 안정적으로 들어오는 전기. 이 모든 것은 공무원과 나라의 돈이 투입되어 만들어진 결과예요.

사회 간접 자본 SOC: Social Overhead Capital

나라의 경제 활동에 꼭 필요하지만, 개인이 만들기 어려운 시설들을 사회 간접 자본이라고 불러요.

- **도로, 다리, 항만**: 물건을 빠르게 이동시키고 사람들이 편리하게 다닐 수 있게 해요.
- **통신망**: 인터넷과 휴대전화를 사용할 수 있게 하는 기반 시설이에요.

이런 SOC를 건설하는 데는 엄청난 세금이 들어가지만, 이 시설들이 잘 갖춰져야 나라 전체가 효율적으로 경제 활동을 할 수 있어요.

공기업의 역할: 국민에게 필요한 서비스를 안정적으로

전기, 가스, 수도처럼 국민 생활에 필수적인 서비스는 나라에서 만든 공기업Public Enterprise이 주로 맡아 해요. 공기업은 이윤돈을 버는 것보다, 국민에게 서비스를 안정적이고 저렴하게 제공하는 것을 가장 중요하게 생각합니다.

7-3 아픈 사람을 돌보고 가르치는 일 : 복지와 교육

공무원들은 국민이 건강하고 똑똑하게 살 수 있도록 돕는 일에도 세금을 사용해요.

❶ 복지 재정: 서로를 돕는 따뜻한 마음

- **건강보험**: 모두가 비싸지 않은 비용으로 병원 치료를 받을 수 있게 도와줘요.
- **기초생활 보장**: 생활이 어려운 이웃에게 최소한의 생활비를 지원해 줘요.

이처럼 세금으로 복지 서비스를 제공하는 것은, 한 사회의 구성원으로서 서로 돕고 함께 잘 살기 위한 약속이에요.

❷ 교육 재정: 미래를 위한 가장 큰 투자

여러분 학교의 건물, 선생님들의 월급, 책과 시설을 사는 돈 모두 교육 재정에서 나와요.

✽ **공교육**: 나라가 교육을 책임짐으로써, 모든 아이들이 부모님의 재산이나 환경에 관계없이 동등한 배움의 기회를 얻을 수 있게 해줘요.

공무원들이 교육 관련 예산을 잘 관리하는 것은, 결국 나라의 미래인 여러분에게 투자하는 가장 중요한 일이라고 할 수 있습니다.

7-4

1년 동안 돈을 어떻게 쓸까? : 예산의 계획과 집행

공무원들은 나라의 돈을 쓰기 전에, 1년 동안의 계획표를 만들어요. 이것이 바로 정부 예산[Government Budget]이에요.

예산은 미리 짜는 약속

사업가처럼, 나라에서도 1년 동안 세금이 얼마나 들어올지[수입], 그리고 어디에 얼마나 쓸지[지출]를 미리 정해요. 이것을 회계년도[Fiscal Year]라고 부르는데, 보통 1월 1일부터 12월 31일까지를 말해요.

- **예산 편성**: 돈을 쓸 계획을 세우는 일이에요. 기획재정부 공무원들이 주로 담당합니다.
- **예산 심의**: 국회의원들이 이 계획이 잘 되었는지, 돈 낭비는 없는지 꼼꼼하게 검토하는 일이에요.
- **예산 집행**: 예산 계획대로 경찰차를 사고, 학교를 짓고, 다리를 만드는 일이에요.

공무원의 역할은 단순히 일을 하는 것을 넘어, 국민들이 낸 세금을 가장 효율적이고 공정하게 사용하여 나라를 발전시키는 계획을 세우고 실행하는 것이랍니다.

TIPS

장부로 보기: 한나라의 예산안

한나라의 예산은 항목별로 정해보니 350만 원이었어요. 세입보다 세출이 많은 것을 적자재정이라고 해요. 회사로 치면 손해가 발생한 것이랍니다. 기업이 손해이면 허리띠를 졸라매면 되지만 나라는 생각할 것이 많아요. 손해가 꼭 필요하다면 국채를 발행할 수 있어요.

국채는 나라가 국민들에게 돈을 빌리고 발행하는 약속 증서예요. 나라가 필요할 때 잠시 돈을 빌려 쓰고, 나중에 약속된 이자를 붙여 돌려준답니다.

한나라의 장부(재정운용표)

나갈 돈(예산)		들어온 돈(세입)	
경찰	500,000	세금(소득세)	100,000
소방	500,000	세금(부가세)	300
국방	500,000	세금(재산세)	30,000
도로	500,000	법인세(유통업)	1,000,000
통신	500,000	법인세(은행업)	300,000
복지	500,000	법인세(무역업)	1,000,000
교육	500,000	세금(관세)	70,000
		빌린 돈(국채)	999,700
합계	3,500,000	합계	3,500,000

재정적자가 필요한 이유

정부가 경기를 좋게 만들려고 돈을 더 많이 쓰는 것을 적자 재정이라고 불러요. 이건 마치 몸이 아픈 친구에게 영양제를 주거나 용돈을 더 주는 것과 비슷해요.

❶ 우리 가족의 비상금과 나라의 돈[예산]

우리 아빠, 엄마는 매달 버는 돈[월급, 세입]이 있어요. 쓰는 돈[생활비, 세출]은 보통 버는 돈보다 적게 쓰려고 노력하죠. 왜냐하면 혹시 모를 일에 대비해 비상금을 모아둬야 하니까요. 흑자 재정과 비슷해요.

하지만 나라는 조금 달라요. 나라는 우리 모두를 위한 큰 살림을 하는 곳이거든요.

❷ 나라 경제가 힘이 없을 때[경기 침체]

어느 날, 마을 시장에 사람들이 물건을 잘 안 사고 가게들이 문을 닫기 시작했어요. 모두들 돈을 아끼느라 지갑을 닫았죠. 이것이 경기 침체예요. 이럴 때, 나라[정부]가 나섭니다!

- **아빠, 엄마처럼 돈을 아끼면?**

  나라도 돈을 안 쓰면, 가게들은 더 힘들어지고 사람들은 일자리를 잃어요. 침체는 더 심해져요.

- **나라가 돈을 더 쓰면?**[적자 재정 선택]

  나라는 은행에서 돈을 빌리거나[국채 발행] 비상금을 깨서 돈을 더 많이 씁니다. 이게 바로 적자 재정이에요.

❸ **적자재정의 마법:** 댐 건설 이야기

나라가 적자재정을 선택해서 100억 원을 빌렸다고 해볼게요. 이 돈으로 아무도 안 하던 큰 댐을 짓는 일을 시작했어요.

- **일자리 창출:** 댐을 짓는다고 하니 많은 아저씨, 아줌마들이 일자리를 얻고 월급을 받아요.

✽ **소비 증가**: 월급을 받은 사람들이 그 돈으로 옷도 사고, 외식도 하고, 새 학용품도 사죠.

✽ **가게 활성화**: 물건을 파는 가게들은 다시 장사가 잘되고, 더 많은 물건을 만들려고 또 다른 사람을 고용해요.

✽ **경제 회복**: 이렇게 돈이 돌고 돌면서 마을 잔치[시장]가 다시 활발해지고, 힘이 없던 나라 경제가 다시 힘을 얻게 되는 거예요!

나라가 돈을 빌려서라도 쓰는 이유는, 모두가 어려울 때 나라가 나서서 돈을 풀어야 경제 전체가 다시 움직이기 시작하기 때문이에요. 나중에 경제가 좋아지면 세금을 더 잘 걷어서 빌린 돈을 갚으면 되거든요.

❹ 무분별한 국채발행은 위험해요

✽ **미래 세대의 과도한 부담**: 채무 상환을 위해 미래 세대가 높은 세금을 부담해야 합니다.

✽ **구축 효과**[Crowding-out Effect]: 정부가 국채 발행을 늘리면 시장의 자금 수요가 늘어나 이자율이 상승하고, 이는 민간 기업의 투자와 소비를 위축시키는 결과를 초래할 수 있습니다.

✽ **국가 신용도 하락**: 감당할 수 없을 정도로 국가 부채가 증가하면 국제적으로 국가 신용도가 하락하여 자금 조달 비용이 증가합니다.

정부의 국채 발행 능력은 경제를 안정화하고 장기적인 공공투자를 가능하게 하는 중요한 도구이며, 가계의 재정 운영 방식과 달리 허용되는 것이 바람직합니다. 다만, 이 권한은 지속가능한 수준과 필요한 시점에 한해 신중하게 사용되어야 해요. 우리가 3-3장에서 배운 착한 빚처럼 국채도 잘 사용하면 '성장의 연료'가 될 수 있어요.

8장

국회의원 되기

국민의 대표로 재정을 심사하는 이야기

8-1

국민의 대표 : 세금을 쓸 권한을 위임받는 이유

친구들, 공무원[행정부]이 아무리 좋은 계획을 세워도, 국민의 대표가 허락하지 않으면 나랏돈을 쓸 수 없어요. 바로 국회의원들이 그 역할을 맡고 있죠.

우리나라처럼 국민이 직접 모든 결정을 하기 어려울 때, 국민을 대신해서 중요한 일을 결정하는 방식을 대의 민주주의 Representative Democracy라고 해요. 국민들은 투표를 통해 국회의원에게 세금을 쓰고, 새로운 법을 만들 권한[입법권]을 잠시 맡기는 거예요.

✤ **국민의 뜻 대리**: 국회의원은 우리 동네와 우리 사회의 목소리를 듣고, 그 의견이 나라 살림에 반영되도록 노력해요.

✤ **견제와 균형**: 공무원[행정부]이 혹시라도 세금을 낭비하거나 잘못된 결정을 내리지 않도록 꼼꼼하게 감시하고 견제하는 것이 국회의원의 가장 중요한 임무랍니다.

국회의원이 하는 일이 바로 나라의 돈[재정]을 올바르게 운영하는 기초가 되는 거예요.

8-2

예산 심의의 마법
: 낭비되는 돈을 막아라

7장에서 공무원들이 정부 예산을 짠다고 배웠죠? 이 예산은 국회의원들의 심사를 반드시 거쳐야만 최종적으로 돈을 쓸 수 있게 돼요. 이것을 예산 심의Budget Review라고 합니다.

세금을 쓰는 권한은 국민에게

세금을 걷고 쓰는 권한은 최종적으로 국민에게 있기 때문에, 국민의 대표인 국회의원이 "이 계획은 좋아!" 하고 도장을 찍어줘야 해요. 만약 국회의원들이 "이 예산은 우리 동네에 필요 없어요!" 또는 "이 예산은 돈 낭비가 심해요!"라고 판단하면, 그 예산을 줄이거나^삭감^, 아예 없앨^부결^ 수도 있어요.

이러한 과정을 통해 나라의 돈이 헛되이 쓰이는 것을 막고, 국민이 원하는 곳에 쓰이도록 하는 것이 재정 민주주의^Fiscal Democracy^의 핵심이랍니다.

- **심의**: 국회의원들이 예산 계획을 꼼꼼하게 검토하는 과정.
- **확정**: 심의를 통과하면 그 예산으로 1년 동안 돈을 쓰기로 최종 약속하는 것.

8-3

법을 만드는 사람 : 세법 개정의 주역

국회의원들은 나라의 돈을 쓰는 예산만 심사하는 것이 아니라, 세금을 걷는 규칙 자체를 만들고 바꾸는 일도 해요.

세금은 반드시 법으로 정해야 한다: 조세 법률주의

우리나라에서는 세금을 걷을 때 가장 중요한 약속이 있어요. 바로 '국민에게 세금을 걷으려면, 반드시 국회에서 만든 법에 따라서만 해야 한다'는 원칙이에요. 이것을 조세 법률주의 Principle of Tax Law라고 합니다.

만약 법이 없다면?

공무원이 마음대로 "오늘부터 모든 사람에게 떡볶이 세금 10%를 걷겠습니다!"라고 할 수 없다는 뜻이에요. 세금의 종류, 세금의 비율, 누가 세금을 내야 하는지 등 모든 것은 국회의원들이 모여서 만든 세법Tax Law에 정확하게 적혀 있어야 해요.

시대에 맞게 세법을 바꾸는 일

경제가 발전하고 세상이 바뀌면, 세법도 바뀌어야 해요. 예를 들어, 옛날에는 없던 새로운 물건이나 직업이 생기면, 그에 맞는 세금 규칙을 새로 만들어야 하죠. 국회의원들은 국민의 의견을 수렴해서 세법을 더 공평하고 합리적으로 바꾸는 세법 개정의 중심 역할을 합니다.

예산과 결산, 계획대로 쓰였을까?

국회의원은 예산Budget을 심의한다고 배웠죠? 예산은 '앞으로 이렇게 쓰겠다'고 하는 돈의 계획이에요. 그런데 1년 동안 세금이 정확히 계획대로만 쓰일까요? 정답은 '아니요'입니다!

- **예산**계획: 1월 1일에 "올해는 공원에 100억을 쓰자!"라고 정하는 약속.
- **결산**결과: 12월 31일에 "실제로 공원에 95억을 썼고, 5억은 남았어요"라고 보고하는 성적표.

왜 다를까?

갑자기 눈이 많이 와서 제설 비용이 더 들거나, 재료 값이 오르거나, 아니면 계획했던 사업을 취소하는 등 예상치 못한 일이 생기기 때문이에요.

결산의 역할: 국회는 정부가 쓴 결산 보고서를 꼼꼼히 확인

해서, 돈을 낭비하지 않았는지, 약속대로 썼는지 따져 묻습니다. 만약 정부가 마음대로 돈을 썼다면 다음 해 예산을 짜는 데 불이익을 줄 수도 있어요.

즉, 예산은 출발점이고 결산은 마무리 검사랍니다. 이 두 가지 과정이 나라의 돈이 투명하고 책임감 있게 쓰이도록 지켜주는 중요한 장치예요.

9장

국무위원 되기

각 분야의 살림을 책임지는 이야기

9-1

행정이란 무엇일까? 세금을 쓰는 현장의 리더

국회의원[6장]이 국민의 뜻에 따라 "세금으로 이렇게 하자"고 법과 예산을 만든다면, 국무위원과 그들이 이끄는 행정부는 그 약속을 실제로 실행하는 사람들이에요.

행정Administration의 역할

행정은 나라의 살림을 꾸려나가는 모든 활동을 말해요. 여러분이 학교에 다니는 것, 경찰이 우리 동네를 지켜주는 것, 아픈 곳을 치료받는 병원 등 이 모든 것이 세금으로 만들어진 공공 서비스예요.

국무위원[장관]은 대통령을 도와 각 분야[교육, 국방, 보건 등]의 최고 책임자로서, 국회가 확정한 예산을 효율적으로 사용하여 국민의 삶을 더 좋게 만드는 역할을 합니다. 즉, 세금이 국민의 삶에 직접 닿도록 집행하는 현장의 리더인 셈이죠.

9-2

부서별 이야기 : 세금이 쓰이는 다양한 장소

우리나라는 목적에 따라 다양한 부서(부처, Ministry)로 나뉘어 있어요. 국무위원들은 각 부처를 책임집니다.

- **교육부**: 세금으로 학교를 짓고, 선생님들의 월급을 주고, 교과서를 만드는 등 여러분의 공부와 성장을 지원합니다.
- **보건복지부**: 아프지 않도록 병원비를 도와주고, 어려운 이웃을 돕는 등 국민의 건강과 복지 생활에 세금을 씁니다.
- **국방부**: 나라를 지키기 위해 군인들의 훈련 비용과 무기를 사는 데 세금을 씁니다.
- **기획재정부**: 나라의 돈을 전체적으로 관리하고, 세금 계획을 세우는 핵심 부서입니다.

이처럼 세금은 이 모든 부서의 활동을 통해 도로를 만들고, 공기를 깨끗하게 지키는 등 사회 곳곳에 스며들어 있어요.

9-3

예산 집행의 중요성 : 낭비 없이 써야 할 책임

국회의원이 예산을 꼼꼼하게 심사[6장 참조]했더라도, 실제로 이 예산을 사용하는 행정부의 책임이 매우 중요해요.

예산안 작성과 중요성

행정부는 매년 다음 해에 필요한 돈이 얼마인지 미리 계획해서 예산안을 만들고 국회에 제출해요. 이 예산안은 "세금을 어떻게 쓸 것인지"에 대한 행정부의 약속이자 계획서예요.

- **효율성**: 국무위원은 정해진 예산 100원을 가지고 100원 이상의 효과를 내도록 노력해야 해요. 불필요한 곳에 돈을 쓰거나, 늦게 집행해서 국민에게 피해가 가면 안 되겠죠.
- **재정 책임**: 만약 행정부가 예산을 잘못 사용하면, 국민들은 감사원이나 언론을 통해 문제를 제기하고 책임을 물을 수 있어요. 그리고 투표를 통해서 행정부[대통령]나 입법부[국회]를 바꿀 수도 있어요.

9-4

발로하는 투표
: 더 좋은 동네를 찾아 떠나는 선택

발로하는 투표Voting with your feet란 무엇일까요? 이는 우리가 투표소에 가지 않고도, 이사Moving를 통해 행정부를 선택한다는 재미있는 재정학 이론입니다.

예를 들어, A라는 동네는 세금을 조금 걷지만 학교 교육의 질이 낮고, B라는 동네는 세금을 더 많이 걷지만 공원이 넓고 도서관이 훌륭하다고 가정해 봅시다.

❶ 선택

주민들은 자신과 가족의 필요에 맞는 동네를 스스로 선택합니다. 교육이 중요하면 A를 떠나 B로 이사가는 거지요.

❷ 경쟁 유도

주민들이 계속해서 '살기 좋은 곳'을 찾아 떠나면, A 동네의 행정부(공무원)는 위기감을 느껴요. 주민을 잃으면 세금 수입이 줄어들기 때문이죠.

❸ 변화

A 동네의 행정부는 주민을 다시 끌어들이기 위해 세금은 그대로 유지하면서 서비스(예를 들면 공원 등)를 더 좋게 만들려고 노

력합니다.

즉, 발로하는 투표는 지방 행정부들이 주민의 요구에 더 귀 기울이고, 더 효율적으로 세금을 사용하며, 서로 경쟁하도록 만드는 아주 강력한 힘이 된답니다. 행정부가 국민을 위해 일하도록 만드는 가장 직접적인 선택인 셈이죠.

10장

대통령 되기

국가의 운명을 결정하는 가장 큰 책임

10-1

국가의 최고 책임자 : 세금 정책의 최종 결정권

대통령은 이 나라의 최고 책임자예요. 국회[8장 참조]가 법을 만들고, 행정부[9장 참조]가 그 법을 집행한다면, 대통령은 이 모든 과정이 국민의 행복이라는 최종 목표를 향해 잘 진행되는지 확인하고 국가의 운명을 결정하는 사람이에요.

세금 정책과 대통령

대통령은 행정부의 수장으로서 세금 관련 중요 정책을 최종 승인해요.

- **예산안 제출**: 행정부(기획재정부)가 작성한 다음 해의 나라 살림 계획(예산안)을 최종적으로 확정하여 국회에 제출합니다.
- **세법 공포**: 국회에서 통과된 세금 관련 법률(세법)에 최종 서명을 하여 공포합니다.
- **경제 비전 제시**: "우리나라는 앞으로 이렇게 돈을 벌고, 이렇게 세금을 쓰겠다"는 국가의 큰 경제 비전과 방향을 제시합니다.

대통령의 한마디 결정은 수많은 국민의 삶과 직결되기에, 공정하고 미래를 내다보는 세금 정책을 펼치는 것이 가장 큰 책임이랍니다.

10-2

세금으로 무너진 나라들
: 역사가 주는 교훈

역사를 살펴보면, 나라가 큰 위기에 빠지거나 심지어 무너지게 된 이유 중에는 '불합리한 세금 제도'가 큰 비중을 차지했어요. 세금은 단순히 돈을 걷는 것을 넘어, 사회의 평등과 정의를 보여주는 거울이기 때문이죠.

❶ 프랑스 혁명French Revolution

18세기 프랑스는 신분 제도[성직자, 귀족, 평민]가 매우 불평등했어요. 돈이 많고 땅을 가진 귀족과 성직자는 거의 세금을 내지 않았고, 가난한 평민들만 모든 세금 부담을 졌어요.

세금 부담에 지친 평민들이 "우리에게도 권리를 달라!"며 들고일어나 혁명을 일으켰고, 왕정이 무너지는 결과를 낳았습니다. 불평등한 과세가 나라를 파멸시킨 대표적인 사례입니다.

❷ 명예 혁명Glorious Revolution

17세기 영국 왕이었던 제임스 2세가 의회의 동의 없이 마음대로 세금을 걷으려고 했어요.

영국 의회는 왕의 독단적인 행동에 맞서 왕을 쫓아내고, '의회의 동의 없이는 세금을 걷을 수 없다'는 원칙No Taxation Without Representation을 확립했습니다. 이는 왕이라 할지라도 세금 문제에서는 국민의 대표인 의회의 권한이 더 크다는 것을 보여줍니다.

❸ 미국 남북 전쟁American Civil War

남부와 북부의 경제 구조 차이에서 비롯되었지만, 중요한 갈등 요소 중 하나는 관세였어요. 북부는 자국 산업을 보호하기 위해 수입품에 높은 관세를 매기려 했고, 농업 중심이었던 남부는 자유로운 무역을 원했어요.

관세를 둘러싼 이익 충돌이 격화되어 결국 나라가 둘로 나뉘어 싸우는 남북 전쟁으로 이어졌습니다. 조세 정책이 지역 간 갈등을 증폭시켜 전쟁까지 일으킨 사례입니다.

10-3

공정한 세금 결정의 무게

역사적 사례들이 알려주듯이, 세금은 나라의 지도자가 가장 무겁게 다루어야 할 주제예요. 대통령은 세금 정책을 결정할 때 다음 원칙을 절대 잊어서는 안 됩니다.

❀ **조세 법률주의**Taxation by Law: 대통령이나 행정부가 마음대로 세금을 만들거나 걷지 못하고, 반드시 국회에서 정한 법률에 따라서만 세금을 걷고 써야 합니다.

❀ **공평한 분배**: 모든 국민이 공정하게 대우받고, 세금 부담이 일부 계층에만 몰리지 않도록 정의로운 세제를 만드는 것이 지도자의 가장 큰 책임입니다.

대통령이 된다는 것은 단순히 높은 자리에 오르는 것이 아니라, 국민이 맡긴 소중한 돈과 신뢰를 바탕으로 나라 전체의 운명을 책임지는 일이라는 것을 기억해야 해요.

11장

주인 되기

세상을 바꾸는 시민의 힘

11-1

세금의 진짜 주인

: 감시하고 책임지는 역할

앞선 장들[6장, 7장, 8장 참조]에서 우리는 국회의원, 국무위원, 그리고 대통령의 역할을 배웠습니다. 이들은 모두 나라를 운영하지만, 사실 이들의 권한은 국민에게서 잠시 빌려 온 것이에요. 즉, 세금을 내는 여러분 한 명 한 명이 이 나라의 진정한 주인입니다.

주인의 역할: 감시와 책임

국가의 주인이 된다는 것은 곧 감시를 하고 책임을 진다는 뜻입니다.

- **감시**: 세금이 제대로 걷히는지, 대통령이나 국무위원이 예산을 낭비하지 않는지, 불필요한 곳에 돈이 쓰이지 않는지 끊임없이 지켜봐야 해요.
- **책임**: 잘못된 정책이나 비리가 발견되었을 때, 이를 바꾸기 위해 목소리를 내고 투표를 통해 심판해야 할 책임이 있습니다.

재정주권은 나라가 자기 돈을 어떻게 모으고 쓸지 스스로 결정할 수 있는 힘을 말해요. 다른 나라의 간섭 없이 우리나라의 살림세금, 예산을 우리 마음대로 정하고 운영할 수 있는 권리랍니다.

11-2

재정 민주주의의 꽃 : 국민이 결정하는 돈의 흐름

세금과 예산에 대한 모든 결정 과정에 국민의 뜻이 반영되는 것을 재정 민주주의[Fiscal Democracy]라고 부릅니다. 이는 민주주의의 가장 중요한 꽃 중 하나예요.

재정 민주주의가 중요한 이유

- **동의의 원칙**: 세금은 국민의 재산이므로, 국민의 동의 없이는 단 1원도 걷거나 쓸 수 없습니다. 8장에서 배운 명예 혁명의 교훈처럼요!
- **참여와 통제**: 국민은 예산이 어떻게 쓰일지 의견을 낼 권리가 있고[참여], 낭비될 경우 따져 물을 권리가 있습니다[통제].

* **효율성 증대**: 주인이 직접 감시하면, 공무원들은 더 열심히, 더 효율적으로 일할 수밖에 없겠죠.

세금은 단순히 돈이 아니라, 국민의 뜻과 정부의 책임이 담긴 국민의 명령서입니다.

11-3

'기부국가'의 위험성
: 세금의 근간이 사라진다면

만약 나라 살림이 세금으로 운영되지 않고, 아주 돈이 많은 특정 부자 한 명이 "제가 전액 기부하겠습니다!"라고 해서 운영된다고 상상해 봅시다. 처음에는 세금을 안 내도 되니 좋을 수 있어요. 하지만 아주 위험한 상황이 벌어집니다.

특정인 기부 국가의 문제점

- **투명성 상실**: 기부한 사람이 "이 돈은 내가 원하는 곳에만 쓰겠다"고 결정하면, 국민들은 돈이 어떻게 쓰이는지 알 수 없어요.
- **공공성 파괴**: 기부자의 이익이나 취향에 맞는 정책만 시행될 거예요. 어려운 사람을 위한 복지나 공공 병원 설립 같은 일은 뒷전이 될 수 있습니다.

✤ **예측 불가능성**: 기부자가 갑자기 기부를 멈추면, 나라 살림이 완전히 마비되어 국가 자체가 큰 위기에 빠지게 됩니다.

11-4

세금이 없는 나라가 좋은 나라일까?

중동의 몇몇 나라, 예를 들어 사우디아라비아나 아랍에미리트[UAE] 같은 나라에서는 국민이 소득세를 내지 않거나 아주 적은 세금만 내는 경우가 많습니다. '세금이 없다니, 정말 좋은 나라 아냐?' 하고 생각할 수 있어요.

하지만 이 나라들의 특징은 국민이 낸 세금이 아닌, 땅속에서 나오는 석유를 팔아 국가 재정의 대부분을 운영한다는 점입니다. 이런 나라를 '석유 국가'라고 부르기도 합니다.

세금이 없는 나라의 이면: 근대 국가의 원리

근대 국가의 중요한 원리 중 하나는 "대표 없는 곳에 세금 없다No Taxation Without Representation"는 것입니다. 이는 시민들이 국가에 세금을 내기 때문에, 국가 운영에 대해 목소리를 내고 대표자국회의원 등를 뽑을 권리가 생긴다는 뜻이에요.

- **세금을 낼 때:** 국민은 "내 돈이 쓰이니까, 어떻게 쓰는지 감시하고 의견을 말하겠다"고 주장할 힘이 생깁니다. 이것이 바로 시민의 주권이며, 국가와 시민 사이의 사회 계약입니다.
- **세금을 안 낼 때:** 정부는 국민의 돈이 아닌 석유 수입으로 나라를 운영합니다. 정부가 국민에게 돈복지, 보조금을 '주는' 관계가 되기 쉽죠. 따라서 국민들은 정부에 대해 "우리가 돈을 줬으니 투명하게 써라!"라고 요구할 힘이 약해질 수 있어요. 마치

탕후루 모임프롤로그 2번 참조에서 잘사는 친구의 눈치를 보게 되었던 것처럼요.

세금이 없는 나라가 당장 살기 편할 수는 있지만, 세금을 내지 않는다는 것은 국가 운영에 대한 주인의 목소리를 내기 어렵다는 의미를 가질 수 있습니다. 세금은 단순한 돈이 아니라, 시민이 국가의 주인임을 증명하는 계약서와 같답니다.

11-5

세금의 역할
: 흔들림 없는 국가의 근간

따라서, 세금은 국가를 운영하는 가장 중요한 근간Foundation이자 뿌리입니다.

- **의무와 권리**: 세금은 법에 정해진 국민의 의무이면서, 동시에 이 돈을 통해 국가 운영에 참여할 수 있는 권리의 증거예요.
- **지속 가능성**: 세금은 기부처럼 갑자기 끊기지 않고 꾸준히 걷히기 때문에, 나라가 경찰, 소방서, 국방, 교육 등 꼭 필요한 공공 서비스를 흔들림 없이 제공할 수 있도록 지탱해 줍니다.

여러분이 내는 세금 한 푼 한 푼이 이 나라의 주춧돌이며, 여러분의 감시와 참여가 이 주춧돌을 튼튼하게 지키는 힘이 된답니다.

12장

미래의 경제인 되기

새로운 세상을 위한 세금 이야기

12-1

인공지능 시대의 세금

: 로봇세와 기본소득

기술이 발전하면서 인공지능AI 로봇이 사람의 일을 대신하기 시작했어요. 미래에는 로봇이 대부분의 공장과 회사를 운영할 수도 있어요.

로봇세Robot Tax 논의

로봇이 사람의 일자리를 빼앗아 가면서 세금을 내는 근로자가 줄어든다면, 나라의 세금 수입도 줄어들겠죠? 그래서 경제학자들은 로봇세를 걷어야 한다고 주장하기도 해요.

❋ **로봇세 찬성**: 로봇이 창출하는 이익에 세금을 부과하여, 일자리를 잃은 사람들을 도와주는 데 쓰자.

❋ **로봇세 반대**: 로봇 산업 발전을 막을 수 있으니, 세금을 걷지 말고 오히려 투자를 장려해야 한다.

로봇세처럼, 미래에는 우리가 상상하지 못했던 새로운 방식의 세금 세도가 필요할 기예요.

❋ **기본 소득**Basic Income

로봇 덕분에 모두가 일하지 않아도 되는 세상이 온다면? 나라가 모든 국민에게 최소한의 생활비기본 소득를 매달 지급해 주자는 주장도 있어요. 이 돈은 당연히 로봇세나 다른 새로운 세금으로 충당하게 될 것입니다.

12-2

지구를 위한 세금
: 환경세와 탄소세

세금은 단순히 나라 살림을 위한 돈을 모으는 것 외에도, 사람들이 착한 행동을 하도록 유도하는 중요한 도구로 사용돼요.

환경세와 탄소세

공장에서 매연을 뿜거나, 우리가 플라스틱을 너무 많이 사용하면 지구가 아파요. 그래서 나라에서는 환경을 오염시키는 행동에 세금을 붙입니다.

* **탄소세** Carbon Tax: 이산화탄소를 많이 배출하는 회사에 세금을 부과하여, 깨끗한 에너지를 사용하도록 유도해요.

✽ **쓰레기 처리세:** 쓰레기를 많이 만들거나 처리하는 데 드는 비용을 세금으로 미리 걷는 방식.

이런 세금은 나라의 재정 수입을 늘리는 동시에, 우리 모두가 지속 가능한 미래를 위해 환경을 지키도록 만드는 '경제적 벌칙' 역할을 한답니다.

12-3

가장 중요한 것 : 윤리적인 세금

이 책을 통틀어 가장 중요한 것은 바로 윤리적인 세금의 원칙을 이해하는 거예요.

조세 정의와 투명성

- **정의**[Justice]: 세금은 돈을 많이 버는 사람이 더 많이, 형편이 어려운 사람이 적게 내는 것이 공평해요. 모든 국민이 법 앞에서 똑같이 대우받아야 한다는 조세 정의를 실현하는 것이 가장 중요해요.
- **투명성**[Transparency]: 국민이 낸 세금이 어디에 어떻게 쓰이는지 모두가 알 수 있도록 깨끗하고 투명하게 공개해야 해요. 세금이 숨겨지거나 낭비되는 것을 막기 위해 국회의원[8장]과 시민[6장]의 감시가 필요하죠.

미래의 경제인으로서 여러분은 단순히 돈을 잘 버는 것을 넘어, 공정한 세금 제도를 만들고 지키는 데 참여해야 합니다.

친구들, 이제 근로자부터 국회의원, 투자자, 국제 무역가에 이르기까지 다양한 경제인의 역할을 모두 체험해 보았어요. 세무원리는 이 모든 역할 속에서 돈이 어떻게 움직이고, 사회가 어떻게 유지되는지를 알려주는 세상의 작동 원리예요.

기억하세요. 세금은 단순히 내 돈이 나라로 빠져나가는 '비용'이 아니라, 우리 모두의 안전과 미래를 위해 함께 모으는 '투자'예요.

이 책을 덮는 순간, 여러분은 단순한 어린이가 아닌, 세상을 움직이는 돈의 흐름을 이해하고 미래를 변화시킬 수 있는 똑똑한 경제 시민이 되었답니다. 다음에는 직접 세금 시뮬레이션 게임을 만들거나, 우리 동네 예산이 제대로 쓰이는지 확인해 보는 것은 어떨까요?

여러분의 멋진 경제 생활을 응원합니다!

에필로그

주인이 주인 되게 돕는 세무사의 역할

세금 계산이 쉬울까요, 어려울까요? 회사를 운영하는 사업가에게 세금 문제는 머리가 아플 정도로 복잡한 일이에요. 나라마다 세금 종류가 수십 가지이고, 계산하는 방법도 너무나 많죠.

세무사는 바로 이렇게 복잡하고 어려운 세금 문제를 전문적으로 도와주는 사람이에요. 세무사는 사업가나 일반 국민을 대신하여 다음과 같은 일을 처리해 줍니다.

- **세금 계산 및 신고:** “당신이 올해 벌어들인 돈에 대해 세금을 얼마나 내야 하는지 정확하게 계산해 드릴게요.”
- **세무 상담:** “사업을 시작할 때 세금을 줄일 수 있는 합법적인 방법은 무엇인가요?”
- **세무 조사 대비:** 혹시 세무서에서 조사하러 왔을 때, 고객의 편에 서서 장부를 설명하고 억울한 세금을 내지 않도록 도와줘요.납세 협력 의무

세무사는 국민이 나라에 세금을 성실하게 낼 수 있도록 돕는 중요한 역할을 하며, 세법이 정하는 테두리 안에서 국민의 재산을 보호하는 전문가랍니다.

세금 절약의 마법: 절세와 탈세는 무엇이 다를까?

세무사를 찾는 가장 큰 이유 중 하나는 세금을 적게 내기 위해서예요. 하지만 세금을 적게 내는 방법에는 ‘착한 방법’과 ‘나쁜 방법’이 있어요.

착한 방법: 절세 Tax Saving

- 절세 Tax Saving: 나라가 만든 세법을 지키면서 세금을 합법적으로 줄이는 모든 방법을 말해요. 이것은 아주 똑똑하고 합리적인 행동이에요.

예를 들어 "자녀 교육비나 기부를 하면 세금에서 일부를 깎아주겠다"는 법을 이용해서 서류를 꼼꼼히 챙겨 신고하는 것이 있어요.

나쁜 방법: 탈세와 세금 회피 Tax Evasion & Avoidance

- 탈세 Tax Evasion: 법을 어기고 몰래 장부를 속여서 세금을 내지 않는 행위예요. 예를 들면 번 돈을 아예 신고하지 않는 것이 있어요. 이것은 명백한 범죄 행위이며, 6-2장에서 배운 세무조사를 통해 반드시 처벌받게 돼요.

✽ **세금 회피**Tax Avoidance: 법의 빈틈을 이용해서 세금은 피하는 아주 교묘한 방법이에요. 법을 완전히 어긴 것은 아니지만, 공평성 원칙6-4 참조에 어긋나기 때문에 나라에서 나중에 법을 고쳐서 막으려고 노력해요.

세무사는 절대 탈세를 도와주지 않고, 고객이 법의 테두리 안에서 최대한 합법적으로 절세할 수 있도록 돕는 사람입니다.

세금 전쟁의 심판: 국세청과 세무사의 역할

국민과 나라[국세청] 사이에 세금에 대한 의견이 달라서 싸움이 생길 때가 있어요. 이때 세무사는 국민 편에서 싸워주는 '변호인'과 비슷한 역할을 해요.

- 국세청[과세 기관]: 나라를 대표해서 세금을 걷는 일을 하는 기관.
- **세무사**: 납세자[국민]를 대표해서 세금 문제를 해결해 주는 전문가.

세무사는 국세청의 세금 계산이 잘못되었거나, 납세자가 억울하게 세금을 많이 냈다고 판단될 때, 조세 불복[6-3장 참조] 절차를 밟도록 도와줍니다. 세무사는 납세자에게 세금이 공정하게 매겨지도록 돕는 최종 심판관의 조력자 역할을 하는 것이죠.

TAX
OFFICE

강상원

(현) 세무법인 이안컨설팅 강남지점 대표세무사
(전) 국세심사위원 및 국선대리인
(현) 세무사고시회 조직부회장
(현) 서울지방세무사회 상임감리심사위원
(현) 서울시립대 세무학과 총동창회 감사

주요저서

- 「건설회사 세무실무」출간 (삼일인포마인)
- 「세무실무편람」출간 (세무사고시회, 강상원 외 9인 공저)
- 「건설업 세무원리」출간 (삼일인포마인)
- 「자영업 세무원리」출간 (삼일인포마인)
- 「청년창업 세무원리」출간 (삼일인포마인)
- 「수습세무사 매뉴얼」출간 (세무사고시회, 강상원 외 4인 공저)
- 「건설업 세무와 회계」출간 (조세통람사)

주요논문

- 지주공동사업의 과세문제 (한국세무포럼)
- 취득세 과세표준 사전검증제도 도입에 관한 연구 (한국세무사회, 박훈, 허원교수 공동)
- 개발사업을 통한 이익의 증여 연구 (세무사전문분야포럼)
- 취득세 일반신고 후 중과세 사유 발생 시 취득세 신고의 쟁점과 개선방안 (한국세무사회, 장보원, 김형태, 심재용, 최현의 공동)